AF138909

In Bücher liegt die Seele aller
gewesener Zeit
(Thomas Charly)

Karola-Lisa Hofferberth

HALLO SPRECHE ICH MIT DER HOTLINE?

Geschichten aus der Praxis einer therapeutischen Lebensberatung Hotline!

Ich möchte mich bei all meinen Klienten bedanken, denen ich während unserer kurzen Gespräche in dem so zu sagen: »Blind Date« per Telefon helfen konnte und die mir teilweise als veränderte Vorlage diente.

Karola-Lisa Hofferberth

HALLO SPRECHE ICH MIT DER HOTLINE?

Geschichten aus der Praxis einer therapeutischen Lebensberatung Hotline!

Balance halten zwischen Körper und Seele

und

Emotionen und Realität!

Auf dieser Seite steht üblicherweise das Impressum. Es enthält den Vermerk der Deutschen Nationalbibliothek (kann so übernommen werden), Angaben zum Copyright, zu Herstellung und Verlag, die ISBN, sowie das FSC®-Logo, welches durch BoD seit dem 01.09.2011 oben mittig in alle neu angelegten Bücher eingedruckt wird. (*Bibliografische Information der Deutschen Nationalbibliothek:*

Die Deutsche Nationalbibliothek verzeichnet diese Publikation in der deutschen Nationalbibliografie; detaillierte bibliografische Daten sind im Internet über http://dnb.dnb.de abrufbar.

© *2014 Karola-Lisa Hofferberth*

Illustration:
Widows ClipArt
wunschbanner.com,
funphotobox.com
Pixabay.com

Herstellung und Verlag:
BoD – Books on Demand, Norderstedt

Ihre ISBN lautet 9783738607086

PROLOG

Eine Balance zu finden zwischen dem physischen und dem psychischen ist wahrlich nicht einfach und dann auch noch das Verhalten der Außenwelt.

Zwischen Gefühlen + Realität - das alles unter einen Hut zu bringen ist manchmal sehr beschwerlich, das der eine oder andere nicht mehr weiter weiß ... und nun?

.... «Darf ich mich vorstellen, ich bin eine psychologische Beraterin und meine Aufgabe sehe ich in der Hilfe zur Selbsthilfe ... « und so biete ich meine Hilfe an in den Wirren des Lebens. Und jetzt fragen sie sich sicher, wann ist denn so eine Beratung sinnvoll?

Ich habe doch eine Freundin, Freund, Kollegen oder Bekannte, die kann ich doch auch fragen, sicher aber manchmal ist es auch peinlich oder man hat ganz einfach niemand, an dem man sich vertrauensvoll wenden kann.

So suchen die Menschen Hilfe bei aktuellen Problemen des Alltags. Zum Beispiel bei Beziehungskonflikten oder Problemen in der Partnerschaft. Manche stehen vor bedeutsamen Entscheidungen und manch einer hat Fragen, die Ihr alltägliches Leben berühren.

Alle Anrufe sind absolut anonym über meine Hotline.

Ich weiß nicht, wie jemand heißt, woher er kommt und ich kann auch keine Telefonnummern einsehen.

Es rufen mich die Menschen ganz einfach an und suchen meine Hilfe.

Und wer von uns hätte nicht gerne einmal bei einer Lebensberatung Hotline »Mäuschen gespielt? «

Nun möchte ich sie gerne an ein paar Fallgeschichten teilhaben lassen, sehr anonym natürlich, ich habe die Geschichten so weit verändert, dass keiner sich daraus wiedererkennen kann.

Viele Menschen aus dem ganzen Land rufen mich an, zu allen möglichen Uhrzeiten ... ja! Auch mitten in der Nacht!

In den folgenden Geschichten sind die Umstände und Darstellungen verändert. Wenn trotzdem jemand meint, er würde sich wiedererkennen den muss ich leider enttäuschen. Da alle Geschichten einen wiederkehrenden Charakter haben und somit keine Einzelfälle sind!

Inhaltsverzeichnis

Ich bin Arzt, bin fremdgegangen. Und diese Frau ist schwanger geworden!

Ich habe ein Latex-Fetisch, wie soll ich damit umgehen?

Ich habe wirklich ein großes Problem mit meinem Sohn.
Ich hoffe, sie können mir helfen?

Mit meinem Mann stimmt was nicht, ich glaube, der hat eine Freundin!

Epilog

°°° ich hab' da – so ein Problem mit dem Sex, bin ich bei ihnen richtig

… »*ich sagte ja! Für so was bin ich auch zuständig.* » *Es war ein junger Mann auf der anderen Seite.*

°°° «ich habe immer viel sexuelle Fantasien. Hauptsächlich bei weiblichen Stimmen, ich muss mich dann immer so viel selbst befriedigen. Das ist mir dann immer sehr peinlich, weil ich immer aufpassen muss, dass dieses keiner mit bekommt in meinem Umfeld. «

…« *ich fragte mein Gegenüber passiert ihnen das denn auch, wenn sie auf ihrer Arbeitsstelle sind?* «

°°° »ja da auch ! Natürlich und da ist es für mich noch viel Schlimmer! «

...« *haben sie denn keine Freundin mit der sie ihr Sexleben ausleben können?* «

°°°« nein das hab ich leider nicht, ich bin alleinstehend! «

... «*müssen sie denn heute nicht arbeiten?* «

°°° «ich muss heute nicht arbeiten, ich habe heute frei «

... so, was sage ich jetzt?

Die Stimme von diesem jungen Mann wurde immer schwerer und ich glaube immer erregter. Ich sagte zu ihm ... »wenn sie so viel Probleme damit haben, sollte sie sich doch vielleicht einer Therapie bei einem sexual Therapeuten unterziehen«

°°°« darum rufe ich sie doch an. Das möchte ich nicht, wissen Sie mich erregen viele Dinge vor allem, wenn mir eine Frau zuschaut, wenn ich mich selbst befriedige! «

... «sind sie exhibitionistisch veranlagt« frage ich? «

°°°«schon ein wenig, aber in der Öffentlichkeit mache ich das nicht, also ich zeige mich nicht entblößt in der Öffentlichkeit oder so, nur heimlich.

Ich lasse mir aber beim Sex gerne zuschauen und ich liebe dominante Frauen. Sie haben übrigens eine sehr schöne Stimme. Sehen sie, … so etwas erregt mich schon wieder sehr!! »

Sein Atem geht schon wieder schwerer.

»Erzählen sie mir doch einmal mal was ihnen so Spaß macht beim Sex. Beschreiben sie es mir doch einmal ganz genau … ich liebe solche Dinge! Erzählen Sie mir doch einfach, welche Dinge sie mögen und was sie alles mit mir gerne anstellen würden!

Geben sie mir doch einfach einmal eine Beschreibung von ihrem Körper, wie sehen sie denn überhaupt aus?

Wie ist denn überhaupt ihr Aussehen? Zum Beispiel, wie sehen denn ihre Brüste überhaupt aus?

Sind sie groß oder klein, ich stehe auf große Brüste. »

«Wissen sie, darf ich mich bei ihnen befriedigen und sie stellen sich einfach vor,
wir wären beide nackt?

Können wir das so machen; was halten
sie denn davon? «

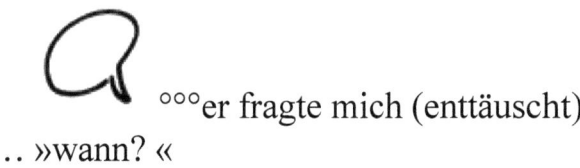 *… ich glaube, der junge Mann
wollte mich hier zum Telefonsex anstiften!*

*Jetzt wird es mir doch langsam ziem-
lich komisch, zumal sein Wortschwall und
sein Schnaufen, schon wieder sehr viel
heftiger wird!*

*»Junger Mann ich habe jetzt keine Zeit
mehr für ihr Anliegen und mit dem, was
sie hier mit mir vorhaben bin ich auch
nicht der richtige Ansprechpartner und
hierfür einfach nicht zuständig.*

*Für solche Spielchen habe ich weder
Zeit noch Lust. Ich habe noch andere Ter-
mine dringend zu erledigen. «*

°°°er fragte mich (enttäuscht)
… »wann? «

 ... «gleich« - dann legte er ohne noch ein Wort zu verlieren auf. ... Jetzt fühlte ich mich jetzt fast missbraucht, er hat mich wohl mit einer Sexhotline verwechselt. Als er mich fragte, ob ich für sexuelle Probleme zuständig bin, hat er das wohl etwas anders verstanden, als ich.

Naja, es gibt eben nichts, was es nicht gibt.

Hier fehlen vermutlich im realen Leben Mut und die Möglichkeiten, die gewünschte Sexualität auszuleben, die Scham und das Geld eine reguläre Sexhotline anzurufen.

Außerdem ein wenig Gefahr steigert bei einzelnen bekannt-

lich die Lust. Meine Hotline erklärt zwar, dass sie zu 100% anonym sei, was auch der Fall ist. Aber man weiß ja nie? (Vielleicht stimmt

das ja auch alles nicht und das macht vielleicht auch erst den Reiz aus! ;-)

Sexuelle Fantasien kennt fast jeder.

Lust und Erotik entstehen im Kopf, dort entscheidet es sich, was uns erregt.

Alles, was wir wahrnehmen, kann uns antörnen. Bei hoch erotischen Vorstellungen bildet sich in unserem Körper sogar ein körpereigener Stoff, durch den dann auch meistens ein Verlangen nach Sex entsteht.

»Sexfantasien« sind oft Wünsche, die wir nicht immer unbedingt realisieren können.

Eine Weibliche. Stimme mit Autoritätsfaktor, bietet hier z.B. auch eine große Projektionsfläche, für Männer mit Vorliebe für dominante Frauen oder wie hier in diesem Fall mehr eine Autoritätsperson.

So scheint es auch hier, in diesem Fall gewesen zu sein.

°°°soll ich umziehen, meine Tochter macht Stress?

°°° »ich kann nicht schlafen, sagte eine Frauenstimme, ich möchte mit meinem Freund zusammenziehen, ich bin mir aber so unsicher, denn meine Tochter macht mir so einen Stress! «

...Es war schon halb 3 in der Nacht - *ganz schön spät, dachte ich, als ich aufwachte, »wie alt ist denn ihre Tochter, fragte ich die Dame am anderen Ende?«*

°°°«13 Jahre ist sie und sie stellt sich so total quer, was soll ich denn nur machen?

Und wir wollen schon in 14 Tagen umziehen, der Mietvertrag ist schon unterschrieben.

Mein Freund und ich wir hatten beide
zu viel getrunken, wir haben uns im Alkohol Entzug kennengelernt und verliebt und
wir verstehen uns nach wie vor sehr gut. «

*...Nun fing ich langsam an
durchzublicken, jetzt sagte ich »warum
macht ihre Tochter Stress, kommt sie mit
ihrem Freund nicht zurecht oder was denken Sie, an was es liegen könnte? «*

°°°»Nein mein Freund und ich,
wir kennen uns schon seit über 1 Jahr, wir
verstehen uns sehr gut. Auch meine Tochter kommt ganz gut mit ihm aus, nur mein
Exfreund, er ist 20 Jahre älter als ich, er
holt sie immer noch ab (er ist ziemlich
reich, er kauft ihr immer sehr viel und
reichlich fast alles was sie haben will!)

Sie war bis gestern wieder bei ihm und seiner neuen Freundin, diese ist jetzt allerdings im gleichen Alter wie er und sie mögen meine Tochter beide sehr gerne.

Gestern Abend ist sie von Opa, so nennt sie ihn inzwischen, zurückgekommen und beschimpft mich auf einer derben Art und Weise. Seit dieser Zeit will sie nicht mehr umziehen, ich bin sehr verzweifelt, was soll ich nur machen? «

... *»wie lange leben Sie denn jetzt mit ihrer Tochter alleine? «*

°°° »ich habe über 3 Jahre jetzt mit meiner Tochter alleine gelebt, jetzt habe ich doch meinen neuen Freund; die ganze Zeit war klar, dass wir zusammenziehen und meine Tochter mit uns. Sie ist auch schon in der neuen Schule angemeldet. Der Mietvertrag ist doch auch schon unterschrieben und jetzt macht sie mir so einen Stress« (… sie fängt an zu weinen)

Nachdem ich mir durch verschiedene Fragestellungen einen etwas größeren Überblick schaffen konnte, z.B. über das Umgehen mit Alkohol in der Familie und den Ängsten der Tochter seit dem Alkoholentzug von ihr usw. Fragte ich die Dame »wann hat denn das überhaupt erst richtig angefangen? «

°°°» ich meine das hätte alles erst richtig angefangen, seitdem sie bei meinem Exfreund und deren Partnerin war. Sie wird dort immer sehr verwöhnt, das ist, seitdem sie gestern Abend wieder zuhause ist, ich bin so verzweifelt und kann einfach nicht schlafen. «

...Ich denke Folgendes, nach einem sehr langen Gespräch, in dem ich versuchte, mit ihr die Situation zeitlich zu erfassen.

»Sie sollten doch versuchen ihre Pläne weiter zu verfolgen und ihrer Tochter wird sich sicher im Alltag und Schulbetrieb wieder beruhigen. «

°°° »das Gespräch mit ihnen hat mir sehr gut getan, ich fühle mich jetzt sehr zufrieden und ich denke, ich kann jetzt auch schlafen. Ich möchte mich bei ihnen sehr bedanken.

Noch mal danke für ihre Hilfe. «

... «gerne geschehen und viel Glück für Sie und das ihrer Tochter und eine gemeinsame gelungene Zukunft und Schafen sie gut. «

Was sollten wir beachten, wenn sich Eltern nach der Trennung neu verlieben?

Damit es den Kindern auch noch gut geht, wenn die Trennung vollzogen ist. Einfühlungsvermögen und Geduld sind in diesem Abschnitt besonders gefragt.

Meist wird eine Suchtproblematik innerhalb der Familie tabuisiert und auch gerne verdrängt. Die Kinder lernen schnell, dass sie nicht mit anderen darüber sprechen dürfen oder sollten.

Oft aber geben sie sich auch noch selbst die Schuld dafür, dass die Eltern trinken oder getrunken haben, und entwickeln manchmal extreme Verhaltensweisen, diesen Dingen aus dem Weg zu gehen.

Sie kontrollieren den Trinkkonsum, und auch das verhalten und wollen oder versuchen zuweilen oft das Suchtproblem selbst zu lösen.

Da das nicht unbedingt gelingen kann, fühlen sie sich die Kinder dann oft als Versager und sie wünschen sich von ganzem Herzen, dass irgendeiner sie einfach aus dieser unerträglichen Lebenssituation heraus holen, ich denke im vorliegenden Fall traut die Tochter der neuen Situation noch nicht und zieht erst einmal das Alte (Vertraute + das Geld der neuen ungewissen Zukunft vor.

...sie müssen mir helfen, ich verliere über Nacht immer meine Haare!

°°°«sie müssen mir helfen, ich habe schon wieder Haare verloren.»

...Es war 3 Uhr nachts! Ich fragte »seit wann verlieren sie denn ihre Haare, waren sie denn schon bei einem Arzt?«

°°°«ja! Die Ärzte sagen es ist alles O.K. Ich sehe aber meine Haare wie sie an mir vorbeifliegen und finde dann immer die Krümel davon, die sind dann immer wie verbrannt und keiner kann mir helfen, können sie mir helfen?«

...Nachdem ich bei der Dame etliche Dinge nachfragte um mir einen Überblick zu verschaffen, sagte sie!

°°°«der Arzt hat gesagt ich wäre ein Hypochonder und hätte mich fast rausgeschmissen. Nachts verbarrikadiere ich mich und ich schlafe kaum noch, was kann denn das sein?«

... »ich denke, da spielt ihnen vielleicht ihre Psyche einen Streich!«
An dieser Stelle wird sie sehr wütend!

°°°«nein!! - Das bilde ich mir doch nicht ein!!«

- Und dann sagte sie ganz plötzlich-
» nehmen sie das alles auf?
Sie sind doch Professionell? Aber sie haben doch eine viel zu leise Stimme, aber sie können mir bestimmt nicht helfen!«

...*«na dann! Vielleicht das nächste Mal!«*

°°° « das bestimmt nicht.
Die Notfallseelsorge geht auch schon nicht mehr an das Telefon.«

… da die Dame nicht mehr zugänglich war, konnte ich mich nicht mehr verabschieden

Aus ihren Verhalten und Äußerungen schloss ich, dass diese Frau eventuell

Unter einer ICH-Störung in Form einer Zoenesthesie leidet.

Zoenesthesien sind abnorme Körper Missempfindungen

oder leibliche

Beeinflussungserlebnisse; in Form von Sinnestäuschung.

Betroffene sehen, hören, riechen, schmecken oder fühlen etwas, das real nicht existent ist.

Die Begriffe beziehen sich auf verschiedene psychische Phänomene, die ein eher undeutliches körperliches, z. T. angenehme oder aber auch unangenehme, meist kann es aber nicht näher lokalisierte werden, sondern kommt aus dem Gefühle ,eher aus unbewussten oder nur schwach bewussten Körperempfindungen. .

Von den Zönästhesien im weiteren Sinne bzw. die
die Ursache für das abnorme Körpergefühl wird also außer
halb des eigenen Körpers empfunden.
Zönasthesien kann auch leicht als Leibhalluzinationen fehlgedeutet werden. Leibhalluzinationen werden vom Pa-

tienten aber als außerhalb des
eigenen Körpers gemacht wahr-
genommen.

So gibt es auch noch die
Zönästhetische Schizophre-
nie sie ist ein durch
Abnorme Körpergefühlsstö-
rungen gekennzeichnet
+ Subtyp der Schizophrenie,
der im klinischen
Alltag wenig geläufig
ist.(Quelle P. Bräunig, S. Krue-
ger, O. Rommel, I. Börner
Zentrum für Psychiatrie
und Psychotherapie der Ruhr-
Universität Bochum (D)
Ich denke hier sollte die
Dame, wenn sie einsichtig ist,

sich unbedingt einer Differen-
tialdiagnose unterziehen.

Und unbedingt die Dinge
abklären lassen.

Fachgebiete: Psychiatrie

... guten Abend, ich habe glaube ich ein psychologisches Problem mit meinem Mann!

°°°die Dame rief über Handy an, was sehr viel teurer war als über ein Festnetz.

Hier war es auch wieder nach 12 Uhr um Mitternacht.

...»Na dann erzählen sie mir mal und um was geht es denn? «

°°°«ich bin seit 4 Jahren verheiratet und habe ein 3 jähriges Kind und bin seit einem Jahr wegen Krankheit zu Hause. Ich habe ständig Magen Darm Probleme. Beim Hausarzt habe ich ein Gesundheitscheck machen lassen und man sagte mir, organisch wäre alles O.K., auch die daraufhin eine folgende Magen Darm Spiegelung war auch ohne Befund.

Seit neuester Zeit habe ich jetzt aber ständig Probleme mit meiner Nase, ich habe ständig eine verstopfte Nase.

Könnte das vielleicht psychosomatische Ursachen haben? »

...«Ja die Möglichkeit kann durchaus bestehen - sozusagen sie haben die Nase voll.

Ich würde ihnen raten sich in einer psychosomatischen Klinik anzumelden.

Hier können sie fachliche Hilfe erfahren und in dem einen oder anderen Gespräch sicher gute hilfreiche Erkenntnisse

*erhalten. Außerdem gewinnen sie in dieser
Zeit Abstand zu ihrem Mann.*

*Danach wird sich zeigen, ob es wieder
besser wird oder welchen Weg sie danach
einschlagen werden. «*

°°° »Ja danke schön, das werde
ich glaube ich so machen, wie sie sagen,
das wird sicher das Beste sein. «

... *«Dankeschön für ihr Vertrauen und schlafen sie gut! «*

°°°«Dankeschön, das werde ich
machen, das Gespräch mit Ihnen hat mir
sehr geholfen.

Ich wünsche ihnen noch eine gute
Nacht und ich denke, ich werde jetzt auch
besser schlafen können. «

Die Psychosomatik ist die Lehre von den körperlich-seelisch und sozialen Wechselwirkungen in der Entstehung und im Verlauf von menschlichen Krankheiten. Wenn sich bei uns ein Thema nähert ... mit dem wir uns nicht auseinandersetzen können oder wollen oder ganz einfach was wir in unserem Bewusstsein nicht haben wollen und durch Ignorieren zu beseitigen glauben. Landet aber tatsächlich nach C.G. Jung Terminologie im Schatten. Der Schatten besteht folglich aus

all dem was wir nicht wahr-
haben wollen und nicht ak-
zeptieren, sondern lieber über-
sehen wollen. Einfach ausge-
drückt, wir sprechen von einer
psychosomatischen Erkran-
kung, wenn seelische Probleme
bei Patienten körperliche Beschwerden und Schmerzen
verursachen. In welcher Form
die körperlichen Beschwerden
auftreten, hängt von dem je-
weiligen Patienten und dem in
der vergangenen Erlebten und
nicht bewusst verarbeiteten ab.
Es ist deshalb nicht immer so-
fort leicht zu erkennen.

Zu den häufig auftretenden
psychosomatischen Beschwer-

den gehören oft Schlaflosigkeit, Magen-/Darmbeschwerden, Bluthochdruck, Rücken- schmerzen und Kopfschmerzen und noch einiges mehr wie z. Beispiel hier in diesem Fall, eine verstopfte Nase und mehr.

Dabei können Anspannung, Stress und anhaltende Proble- me im beruflichen oder priva- ten Leben, durchaus zu Schwerwiegenden Erkrankun- gen führen.

…...hallo ist dort dir Hotline, können sie mir helfen?

…»ich versuche es, erzählen sie mir doch einmal um was geht es denn geht?«

°°°Ein junger Mann ist am anderen Ende der Leitung und klingt sehr verzweifelt!

«Ich weiß nicht mehr was ich machen soll, ich bin heute nicht zur Schule gegangen. »

…« dann erzählen sie doch einfach mal«

Nach einigen nachfragen ergab sich folgendes Bild: ein junger Mann 16 Jahre und sehr ängstlich.

°°°»ich bin schwul und ich möchte so gerne Flugbegleiter werden aber meine Eltern sind furchtbar streng. Mein Vater schlägt auch immer meine Mutter. «

...»Ist denn sonst niemand da, an den sie sich wenden können? «

°°°»meine Oma wohnt noch bei uns aber, die hält sich immer raus. Ich muss ihnen noch erzählen dass ich ein Zwillingskind bin. «

...»und was ist mit ihm, ihrem Zwillingsbruder?«

°°°»mein Zwillingsbruder ist der Liebling von meinen Eltern, eigentlich von allen. Was kann ich denn nur tun? «

...»Ich würde ihnen raten sich ein Jugendtherapeut vor Ort bei ihnen zu suchen und ihn um Hilfe bitten, der Therapeut kann ihnen auch erst einmal behilflich sein, ihre häusliche Situation zu klären. Und wenn dieses geklärt und sie wieder gefestigt sind, nehmen sie ihr Outing und ihren Berufswunsch in Angriff. Sie hören sich noch nicht sehr Stabil genug für mich an, als das sie das alles ganz alleine stemmen könnten. «

°°°» meinen Sie? O.K. dann versuche ich einmal so ein Therapeut zu finden. Kann ich sie auch noch einmal anrufen, wenn ich niemand finde? «

...»*gerne sie können mich jederzeit anrufen wenn sie nicht mehr weiter wissen, dafür bin ich da. Ich wünsche ihnen guten Erfolg und Glück bei all ihren Vorhaben!* «

Für viele ist das Coming-out, eine sehr aufregende Zeit es geht hier oft mit vielen vorwärts und dann geht es wieder abwärts, also hin und her. Hier liegt ein häufiges Problem bei jungen Menschen zugrunde. Coming-out als Zeit der Suche nach der eigenen Identität. Als lesbische Frau oder auch als schwuler Mann, das Ganze hat immer viele Ge-

sichter und löst viele verschiedene zum Teil auch sehr ver-
wirrende Gefühle aus für den
jeweils Betroffenen.

Unterschieden wird zwi-
schen einem inneren und dem
äußeren Coming-out. Während
es beim inneren Coming-out,
um das Entdecken der eigenen
Gefühle für Menschen des gleichen Geschlechts mit allen
schönen und manchmal auch
schwierigen Seiten mit vielen
Gefühls Auf und Ab geht, be-
zieht sich das äußere Coming-
out auf das Aussprechen und
Benennen der eigenen Gefühle
und Lebensweisen gegenüber

anderen Menschen und das ist denke ich fast das schwierigste.

Für die meisten ist das Coming-out eine der aufregendste und schwierigste Zeit mit vielen einmal auf und dann wieder ab. So wird es von den meisten empfunden und beschrieben.

 **… ich will nicht mehr leben!**

°°°« ich sage ihnen gleich, ich will nicht mehr leben es hat doch alles kein Sinn mehr. «

... »nun und warum denn das nicht? «Frage ich die Dame! «

°°°« ich bin über 80 Jahre alt Alkoholikerin und wohne schon lange allein in meiner Wohnung. Ich brauche doch auch nicht mehr zu leben. Was ist das denn auch noch für ein Leben und das noch für einen Sinn, ich sehe keinen mehr! «

...« haben sie denn keine Kinder oder Angehörigen mehr? «

°°° « doch ich habe noch einen Hund, der ist aber auch schon 20 Jahre alt. Die Nachbarn bei mir im Haus sind fast alles junge Menschen und die haben überhaupt kein Verständnis für mich. «

... «bei ihnen gibt es doch aber sicher in der Stadt oder Ort einen Treff für ältere Menschen und Gleichgesinnte mit denen sie sich anfreunden könnten? «

°°° »ich bin hier auf dem Ort zu sehr bekannt, mit denen kann ich alle nicht sprechen. «

... «ja! Was wollen sie denn von mir hören, wollen sie den meine Absolution für ihr Vorhaben? «

°°°«ja das hätte ich schon sehr gerne, wenn ich Schlaftabletten hätte.

Aber mir will keiner mehr Schlaftabletten geben. «

...«liebe Frau, ihnen ist das Leben geschenkt worden und das wirft man nicht einfach fort. Es gibt immer Menschen, die ihnen helfen können! «

°°° «ich merke schon, mit ihnen komme ich auch nicht weiter. Sie können mir auch nicht helfen. « Danach legte sie einfach auf.

… in so einem Fall kann ich natürlich gar nichts machen. So leid mir es auch tut.

Ich muss sie ihrem Schicksal überlassen, da ich kein Zugang zu ihrer Identität habe.

In diesem Fall kann ich einen Menschen, der sich allein mit dem Gedanken trägt, wie intensiv er auch sein mag, nur schwer bis gar nicht erreichen.

Die Dame, hat in erster Linie bei mir Bestätigung für ihr Vorhaben gesucht.

Ich hoffe sie überlegt sich ihr Vorhaben noch und man kann ihr noch helfen.

Das im Alter deutlich ansteigende Suizidrisiko ist vor allem auf das gehäufte Auftreten von Situationen in dieser Lebensphase zurückzuführen,

welche die Bewältigungsstrate-
gien des Menschen oft überfor-
dern. Soziale Bedingungen
werden meist als Auslöser für
den Alterssuizid genannt:
Tod des Partners Auseinander-
setzungen im Familienverband,
Umzug in ein Altenheim,
mangelnde soziale Integration,
Isolation und Einsamkeit, oft-
mals verstärkt durch bevorste-
hende Familienfeste (wie z. B.
Weihnachten), oder der dunk-
len Jahreszeit (z. B. im Winter)
diese o. g. Auslöser führen zu
der häufigsten Ursache für einen Suizid : der Depression.
– Ein weiterer Faktor zur Am-
bivalenz des Lebenswillens ist

eine fortschreitende Krankheit und Behinderung.

Oft verstärkt durch einen erhöhten Alkoholkonsum aus ständiger Verzweiflung.

Das Leben nähert sich ohnehin seinem Ende. «

Kann ich denn überhaupt jemand erreichen der sich mit Selbstmordgedanken trägt? Diese Frage kann und muss man sicher mit Jain – beantworten. Persönliche Beweggründe für den selbstgewählten Freitod sind vielfältig und verschieden. Psychische Krankheiten oder **Suchterkrankungen (Wie in diesem Fall!!)** Persönlichkeitsstörungen, Chronische Schmer-

zen aber auch Lebenskrisen,
gefolgt von einer Depression,
sind die häufigsten Selbstmor-
dursachen.

.... **Ich sage ihnen gleich,
ich bin homosexuell!**

... *«ja hallo wie kann ich ihnen
behilflich sein? «*

°°°« ich wohne in ein Mehrfa-
milienhaus und über mir ist ein junger
Mann eingezogen, und wir gingen auch
heute Abend zusammen essen. Wir haben
uns sehr gut verstanden, um nicht zu sagen
besonders gut. Jetzt geht er mir nicht mehr
aus dem Kopf und ich habe Angst mich in
ihn zu verlieben. «

… *«sind sie denn Single oder haben sie einen Partner?«*

°°° «ich bin schon immer Single, aber ich bin auch schon immer homosexuell. «

…« und *was spricht denn dann dagegen?«*

°°° «ich habe Angst abgelehnt zu werden, auf meiner Arbeitsstelle war das auch schon so, das ist dann eine Katastrophe. «

…*«sie haben Angst ihre die Kontrolle zu verlieren hier kann ich ihnen nur den Spruch von*

«William Shakespeare an das Herz legen Der Kummer, der nicht spricht, nagt am Herzen, bis es bricht. «

Lassen sie doch einfach die Dinge auf sich zukommen und dann entscheiden sie den nächsten Schritt. Vielleicht sollten Sie in einem Moment, in welchen sie beide vielleicht wieder Essen gehen und sich einfach nur unterhalten das Thema mal auf Homosexualität und schwul sein Lenken, um zu einer seiner Reaktionen auf das Thema zu lenken und zum anderen, um danach dann aktuell eventuell mit einem Coming-out endet! «

°°°«Meinen Sie? O. K. das werde ich so versuchen, sie haben mir sehr geholfen. «

... *«ich wünsche ihnen einen guten Erfolg bei ihrem Vorhaben und viel Glück auf ihrem weiteren Lebensweg und danke schön für ihr Vertrauen! «*

Hier ist wohl das Coming-out auch schon sehr lange in der Bewusstwerdung der eigenen sexuellen Identität vollzogen worden. Zeitgleich oder etwas später kann die sexuelle Identität auch nach außen hin vertreten werden. Insofern durchlaufen auch heterosexuelle Menschen ein Coming-out. Ihnen fällt das Coming-out jedoch häufig leichter, weil Homosexualität von vielen nach wie vor als ein Makel angesehen wird (siehe hier Ablehnung an der Arbeitsstelle). Insgesamt lässt sich beobachten, dass ein homosexuelles Coming-out umso eher akzeptiert wird, je selbstbewusster es verkörpert wird. Ich denke, in diesem Fall bedarf es hauptsächlich einer Klärung zwischen den Partnern.

Von vielen nach wie vor, als ein Makel angesehen wird (siehe hier Ablehnung an der Arbeitsstelle). Insgesamt lässt sich beobachten, dass ein homosexuelles Coming-out umso eher akzeptiert wird, je selbstbewusster es verkörpert wird.

Ich denke, in diesem Fall bedarf es hauptsächlich eine Klärung zwischen den Partner

°°° ich bin Arzt und bin in ei-
ner Beziehung und bin letztes Jahr
fremdgegangen.

°°°«danach war lange Funkstil-
le und keinerlei Kontakt mehr, aber die
Frau war zwischenzeitlich schwanger geworden.«

... der Mann war sehr aufgeregt
und sprach sehr schnell.

°°°«Ich habe es jetzt erst nach
jetzt Monate erfahren und das meiner
Freundin erzählt. Ich habe jetzt einen Sohn
und das nimmt sie mir sehr krumm!

Jetzt will sie auch nichts mehr mit mir
zu tun haben. Ihre Aussage war - „ich
kann dir jetzt nicht mehr vertrauen! „

...*« herzlichen Glückwunsch
erst einmal zum Sohn und was ist mit der
Mutter ihres Sohnes? «*

°°° »die will auch nichts mehr
von mir wissen, die hat auch schon wieder
eine neue Beziehung.

Meine Freundin sagt jetzt aber, nach
dem ich es ihr erzählt habe, sie könnte mir
nicht mehr vertrauen, weil ich ihr es nicht
gleich zu Anfang erzählt habe. Ich habe
ihr es erst nach 9 Monaten erzählt, das
nimmt sie mir sehr übel und will nichts
mehr mit mir zu tun haben.

Sie sagt, sie könnte nicht mehr vertrau-
en.

Ich habe ihr aber auch gesagt, ich mache auch eine Therapie! «

…«warum denn das? Für was soll denn diese Therapie gut sein? «

°°°«das habe ich ihnen ja noch nicht gesagt: Ich bin auch kaufsüchtig und kaufe viel unnützes Zeug und so, zum Beispiel CDs und so was. Hab ich mittlerweile so viel, das kann ich gar nicht mehr alles hören, die stelle ich immer nur in den Schrank. Ich muss ja auch arbeiten im Krankenhaus und da herrscht immer Hektik und Anspannung.

Und sexsüchtig bin ich auch noch, ich befriedige mich ständig selber, um mich zu entspannen. «

…«aha aber gleich sexsüchtig? Ich weiß nicht so recht!
*Um zu entspannen, können sie auch **eine CD kaufen ;-)** und dann ist es in diesem Fall nicht unnütz so ein **Kauf.***

Da können sie sich auch nach der Arbeit
entspannen. «

°°° «ich habe übrigens meine
Freundin noch einmal herumgekriegt!«

... *»für was, eine Therapie?«*

°°° »… wir wohnen doch noch
getrennt. Sie hat mir gerade bei WhatsApp
geschrieben,
Wir wollen uns noch einmal treffen. «

.... *So schnell wie er sich um -*
überlegt kann ich gar nicht denken!

°°° »ich gehe mit ihr frühstücken,
danach Museum und dann in das Theater
das volle Programm eben.

Wissen sie ich, will mich unbedingt
ändern und ich weiß nicht, wie ich es ihr
Beweisen soll. Ich wollte ihr vielleicht
eine Paartherapie vorschlagen! «

...»*das ist eine gute Idee, versuchen sie doch erst einmal mit einem Ver-
trag mit ihr, indem sie all diese Dinge fest-
legen die sie beide Vorhaben.*
*Allerdings sollten sie sich aber auch
daran unbedingt halten.*
*Als Alternative können sie ihr ja dann die
Paartherapie vorschlagen.* «

°°° «ja so werde ich es ma-
chen, haben sie vielen Dank dafür, dass sie
mir zugehört haben! «

...«*gerne geschehen dafür bin
ich da. Ich wünsche ihnen viel Erfolg bei
all ihren Vorhaben und danke für ihr Vertrauen.* «

 _In diesem Fall zum Thema Sexsucht!_

Der Beweggrund, in dem die Sexsucht auftritt, ist üblicherweise gekennzeichnet von innerer Leere, oft in Folge eines sog. Burnouts oder auch einer Depression. Bei sehr jungen Menschen ohne sexuelle Erfahrung handelt es sich ursächlich auch um Versagensängste vor dem ersten Mal und sehr häufig mit sehr starkem Pornokonsum. Die Sexsucht ist also ein Symptom wie viele andere auch. Hier stuft der Klient sein ständiges Mastur-

bieren, um zu entspannen als
Sexsucht ein.

Und nun zur Kaufsucht!

Selbstwertprobleme, hohe
Impulsivität und geringe
Selbstkontrolle tragen wesent-
lich dazu bei, dass Menschen
kaufsüchtig werden. Patienten
beschreiben sich oft als unsicher und in ihrem sozialen
Umfeld sehr ängstlich.

In vielen Fällen lösen nega-
tive Emotionen die Kaufatta-
cken aus, wie wohl auch in
diesem Fall. Kaufen hebt dann
zumindest kurzfristig die Laune und das Selbstbewusstsein.
Der Betroffene lernt, dass er
auf diese Weise seine Stimmung

verbessern kann. Wegen der negativen Konsequenzen exzessiven Kaufens kann er so in einen Teufelskreis geraten. Ein Blick auf das Konto oder Streit um das Geld bedrückt die Stimmung, doch die lässt sich kurzfristig durch weitere Käufe wieder beheben.

An dieser Stelle sollte sich dieser Klient auf die Dauer therapeutische Hilfe holen.

ich habe ein Latex-Fetisch wie soll ich damit umgehen?

°°° »wie kann ich mit denn mit diesem Latex-Fetisch umgehen, ich bin verzweifelt? «

... »und wie kann ich ihnen denn dabei helfen? «

°°°«das ist mir jetzt doch aber sehr peinlich. Ich habe noch nie mit jemand darüber gesprochen. «

… «na dann erzählen sie doch einfach mal darauf los. «

°°°«Ich bin weder schwul noch Bi ich bin Hetero und habe eine Art Fetisch, sobald mir die Mädchen mit glänzenden engen Leggins entgegen kommen, muss ich mir ihre Beine anschauen. Besonders Latex und solche Sachen ziehen mich bei Frauen besonders an.

Ich stehe aber nicht auf Schlagen und so etwas.

Verstehe aber auch gar nicht, warum immer Latex damit verbunden ist.

Die Nacktheit einer Frau kann mich schon doch schon sehr anziehen aber das ist nicht vergleichbar mit einer mit Latex angezogener Frau.

Wissen sie, ich verstehe aber auch gar nicht, warum immer Latex damit sein muss?

Was jetzt aber auch sehr komisch klingen mag, das ich das nicht so erregend, finde eine Frau einfach anzumachen.

Ich würde eigentlich lieber eine Frau in einem Catsuit sehen und würde sie dann ganz zart berühren und anfassen. Wissen sie auf so eine ganz bestimmten Art und Weise.

Das ist aber auch noch nicht alles. Außerdem finde ich die Vorstellung, dass ICH, diese Frau in diesem Catsuit bin sehr schön.

Ein schönes Gesicht einer Frau zieht mich aber auch wahnsinnig an.

Jetzt frage ich Sie, ist das eine psychische Störung? «

… der junge Mann erschien mir sehr aufgeregt!

°°°«Aber wissen sie ich bin froh, dass ich keinem wehtue. Aber ich frage sie, wie soll ich denn jetzt mit den Mädchen umgehen und wie soll ich denn überhaupt mit den Dingen umgehen? «

…«Ich denke, es ist zwar nicht *die Norm einen Fetisch zu haben. Sie ha-*

ben eben die Vorliebe, und wenn sie nie-
mand belästigen oder damit stören oder
aufzwingen, was spricht den dagegen sich
jemand zu suchen, der ihnen ebenbürtig
sozusagen und gleiche Fähigkeiten erken-
nen lässt und die gibt es mit Sicherheit
auch irgendwo. «

°°° »Aber wo soll ich die denn
finden frage ich sie? «

...«*nun ja am Anfang kann es*
auch passieren, dass sie die eine oder an-
dere vertreiben mit ihrem Outing.

Aber ich denke stehen sie einfach zu
sich selbst und zeigen sie Selbstbewusst-
sein.

Mein Tipp für die Realität: Fetischpar-
tys, Stammtische etc. Hinausgehen, ein-
schlägige Veranstaltungen besuchen, sich
als anständiger netter Kerl erweisen, dann
klappt es auch mit der Zeit mit der Partne-
rin.

An erster Stelle sollte immer etwas anderes stehen!
Hobbys, Neigungen, Fetische runden das Ganze ab testen sie es einfach aus!
Verlieben sie sich, lernen sie neue Leute kennen und öffnen sie sich!
Oder sie könnten ja einfach mal im Internet schauen, da gibt es sicher noch mehr Menschen mit Fetisch und auf solchen Seiten kann man eventuell Gleichgesinnte kennenlernen. »

°°°«danke schön, ich werde alles ausprobieren was sie mir gesagt haben, vielleicht habe ich Glück. Und noch einmal danke schön, dass sie mir zugehört haben. «

... *»Gerne geschehen ich wünsche ihnen für ihr weiteres Leben alles Gute, und wenn die Zeit reif ist, wird auch der passende Partner bei ihnen auftauchen.*

Zum allgemeinen Verstehen
Quelle: Wikipedia

Der umgangs-
sprachliche Gebrauch schließt
neben dem Wortspiel mit der
sexuellen und religiösen Kon-
notation des Fetischismus auch
sexuelle Neigungen über die
wissenschaftliche Definition
hinaus ein. Im Gegensatz zur
Fetischszene wird der Begriff
in der Umgangssprache allerdings meist abwertend verwendet. Häufig wird bereits eine
Neigung als Fetischismus bezeichnet, bei der die Betroffe-

nen keinem Leidensdruck un-
terliegen.

Fetische: Prinzipiell kann
jeder Gegenstand zum Fetisch
werden, hiervon ausgenommen
sind Objekte, die schon von
vornherein als Sexspielzeug für
den Gebrauch beim Sexualakt
bestimmt sind, beispielsweise
Dildos oder Vibratoren. Manche Kleidungsstücke haben in
ihrer Ausrichtung bereits eine
erotische Komponente, Beispie-
le hierzu sind Reizwäsche oder
Schamkapsel, inwiefern diese
dann als Fetischobjekt oder
allgemein erotisierend wirken,
ist schwer abzugrenzen.

Eine getragene Unterhose des Partners, deren Geruch zur sexuellen Erregung bei der Masturbation dient, ist durch ihren Bezug zu der Person (Pars pro Toto) nicht zwangsläufig als fetischistisches Objekt zu verstehen, während dies für ungetragene oder selbst getragene Wäschestücke durchaus gelten kann.

Manche Forscher kategorisieren Fetische danach, ob sie aufgrund ihrer Form (Form Fetisch) oder ihres Materials (Media Fetisch) ansprechend wirken.

Mehrfach-Fetische sind nicht ungewöhnlich. Nur

wenn ein Gegenstand die vom Fetischisten bevorzugte äußere Erscheinung hat oder aus seinem bevorzugten Material gefertigt ist, wirkt er tatsächlich als Fetisch. So wirken beispielsweise auf manche Fetischisten nur weiße Tennissocken erotisierend, während sich andere nur von grauen Kniestrümpfen sexuell angesprochen fühlen.

Ebenso sind verschiedene Materialien besonders häufig für Fetischisten interessant, als Beispiel dient hier Leder.

Dies kann sowohl über den Geruchssinn, über die Optik

oder über die Haptik stimulierend wirken.

Für manche Fetischisten sind alle Sinne für die Erregung notwendig, andere werden bereits durch den Anblick erregt.

Einige Fetische wirken durch ihre Koppelung mit bestimmten Szenarien, es kann eine Übertragung der Eigenschaften der Umgebung auf den Gegenstand selbst stattfinden.

Beispielsweise nimmt man an, dass Schuluniformen vor allem deshalb zum Fetisch werden, weil sie dem Typus eines jungen Schulmädchens entsprechen.

Fetische können sich im Laufe der Zeit auch verändern.

Dabei wird entweder der vorhandene Fetisch umgewandelt oder es kommen weitere Fetische hinzu; ein dauerhafter Rückgang des Fetischismus ohne äußere Einflüsse kommt in aller Regel nicht vor.

Gelegentlich können äußere Ursachen für eine solche Änderung benannt werden, im Allgemeinen ist dies jedoch nicht der Fall.

Die Ursachen sowie der Entstehungsmechanismus fetischistischen Verhaltens sind bis heute ungeklärt.

Einige fetischistische Vorlieben scheinen sehr früh im Leben eines Menschen zu entstehen, möglicherweise durch Konditionierung oder Prägung, andere entstehen später und können durch eine Psychoanalyse an einem konkreten Ereignis festgemacht werden.

Auch Liebesentzug oder zu frühe Entwöhnung werden von manchen Forschern als Ursache in Betracht gezogen. Fetischismus kann auch eine Begleiterscheinung einer komplexeren psychischen Störung sein.

Es gilt als wahrscheinlich, dass Fetischismus nicht durch Vererbung weitergegeben wird,

jedoch könnten vererbte Merk-
male durchaus beeinflussen,
mit welcher Wahrscheinlich-
keit ein Mensch fetischistische
Neigungen entwickelt.

Theorien in den aktuellen
Forschungen auf diesem Gebiet
oder Versuche, eine der im folgenden Abschnitt dargestellten
Theorien nachzuweisen, finden kaum statt. Viele der
Theorien basieren auf größten-
teils unbelegten Konzepten,
andere erklären aus der sub-
jektiven Beobachtung heraus
angenommene, aber empirisch
nicht verifizierbare Tatsachen.

Dennoch werden einige Theorien als Basis für therapeuti-

sche Behandlungsansätze verwendet.

Die zum Teil scharfe Kritik an diesen Theorien ergibt sich aus der unwissenschaftlichen Grundlage derselben, die sich zu einem großen Teil aus der kaum vorhandenen Nachfrage um therapeutische oder medizinische Behandlung oder Beratung durch Fetischisten erklärt.

Eventuelle Zusammenhänge mit Suchtverhalten werden diskutiert, belegende wissenschaftliche Studien zu dieser Theorie fehlen.

...Ich habe wirklich ein großes Problem mit meinem Sohn, ich hoffe, sie können mir helfen?

...« Hallo guten Tag, ich werde es versuchen! «

°°°»also mein Sohn sitzt jede freie Minute an seinem PC und lässt sich durch nichts ablenken. Er hat habe ich gehört, so etwas wie ein Forum aufgemacht. Das hab ich von meiner Enkelin gehört.

Wissen sie, ich bin schon über 80 Jahre alt und verstehe nichts von diesen Dingen aber es bereitet mir große Sorgen.

Ich habe große Angst, dass er bereits süchtig ist, das sagt man doch immer wieder in den Medien! «

...»jetzt beruhigen sich doch erst einmal wieder. Was denken sie denn, warum er süchtig sein sollte? «

°°° »Naja, vielleicht weil er wenig aus dem Haus kann. Er hat doch immer so starke Rückenschmerzen. Das sagt er jedenfalls immer. Die Leute erzählen das doch auch immer wenn die Leute so viel vor dem Computer sitzen ist man süchtig. «

...»ja da gebe ich ihnen Recht, wenn er in völlig krummer Haltung (runder Rücken) stundenlang am PC sitzt, das ist natürlich nicht das Gesündeste. Das ist für junge Menschen und auch für Ältere nichts. Aber gleich süchtig, das ist ein weiter Begriff? «

... »wie alt ist denn ihr Sohn,
wenn ich fragen darf? «

°°°»also mein Sohn ist schon
über 50 Jahre alt, aber vielleicht liegt es
auch daran, dass er keine Frau mehr hat.
Seine Kinder und Enkelkinder besuchen
ihn auch nicht so oft. Die arbeiten viel,
aber das muss man doch oder? Mein Sohn
ist wegen seines Rückens schon in Früh-
rente. «

…» hat ihr Sohn denn noch an-
dere Interessen außer Computer? «

°°°» ja er kocht gerne, aber er
wird auch immer dicker. Er ist zwar groß,
aber wiegt schon über 100 kg. «

... »Ich denke, ihm fehlt auch die Bewegung, wenn er so viel sitzt. Was ist denn mit dem Rücken, ist er denn in Behandlung mit seinem Rücken? «

°°° »er sagt, der Doktor käme immer zu ihm nach Hause und er bekäme starke Schmerzmittel. «

... »ich kann ihnen dazu nicht allzu viel sagen. Ich denke, wenn er alleine wohnt und keine Ansprechpartner mehr hat, bewegt er sich hauptsächlich in die Kommunikation mit den Menschen im Internet (er flüchtet sich in sein Forum) das ist dann wohl zurzeit seine Ersatzfamilie. «

Natürlich ist das für seine Gesundheit nicht das Beste, er braucht hauptsächlich Bewegung oder zu mindestens Krankengymnastik.

Das können sie ihm ja einmal nahe legen.«

°°° »sonst kann ich gar nichts mehr für ihn tun? «

… »sie können vielleicht erst einmal mit ihm sprechen und ihm erklären, wie sie das Sehen und ihn vielleicht klarmachen, dass es wichtig für ihn wäre, etwas zu ändern in seinem Leben und andere Eindrücke bekommt und eine andere Sichtweise entwickelt. Jeder ist letztendlich für sein eigenes Leben verantwortlich«

°°° »na ja sie haben ja recht, so dann werde ich versuchen mit ihm sprechen, vielleicht habe ich ja Glück und er hört auf mich wenigstens ein bisschen.

Danke schön, dass ich mit ihnen sprechen durfte, jetzt fühle ich doch nicht mehr so allein gelassen. «

... »gerne geschehen, ich wünsche Ihnen und ihrem Sohn alles Gute für die Zukunft.«

In diesem Fall, liegt es wohl hauptsächlich an das nicht verstehen und Sorge einer Mutter in der Hauptsache geht es hier um den Sohn, der wohl in seiner Einsamkeit sich den Internetforen angeschlossen hat. Die Angst der Mutter ist auch nicht ganz unberechtigt.

Internetabhängigkeit wird eine Verhaltensweise bezeichnet, in dem man das Internet übermäßig, nutzt.

Internetabhängigkeit verursacht wie andere Verhaltensstörungen die Vernachlässigung normaler Lebensgewohnheiten. Auch soziale Kontakte und sogar die eigene Versorgung auch die der Körperhygiene wird vernachlässigt, da ein Großteil der zur Verfügung stehenden Zeit im Internet verbracht wird. Im Extremfall kann die virtuelle Welt zu einem vermeintlich vollständigen Ersatz für sonstige reale soziale Kontakte werden und damit zu einer sozialen Isolation führen.

Nach außen wird die Sucht verheimlicht oder sozusagen

unter den Teppich gekehrt.
Man mag sich nicht dazu.

Bekennen will und ver-
harmlost sein Verhalten.

Häufige Entzugserscheinun-
gen sind schlechte Laune, Ner-
vosität, Reizbarkeit, Schlafstö-
rungen oder Schweißausbrüche.

Als besonders gefährdet gelten depressive und einzelgän-
gerisch veranlagte Menschen.
Wenn der Druck des Alltags
wieder sehr groß wird, kann
die virtuelle Welt eine Flucht-
möglichkeit bieten, wobei all-
tägliche Aufgaben und gesell-
schaftliche Anforderungen dabei vernachlässigt werden.

Als Triebfeder gilt die Verfolgung bestimmter Aufgaben. Realitätsflucht und das Experimentieren mit der eigenen Identität sowie die Kombination aus Befriedigung zwischen Spieltrieb und Kommunikationsbedürfnisse.

Nun in unserem letzten Fall müsste man folgendes Verhalten besonders beachten. Laut Aussage der Mutter: »Vernachlässigung üblicher Lebensgewohnheiten, sozialer Kontakte, der persönlichen Versorgung und ev. Körperhygiene, da ein Großteil der zur Verfügung stehenden Zeit im Internet verbracht wird. «

°°° **hallo, mit meinem Mann stimmt was nicht, ich glaube, der hat eine Freundin!**

...» einen guten Abend junge Frau wie kann ich ihnen helfen? «

°°° »ja, ich glaube, mein Mann hat eine Freundin! «

... »na, wie kommen sie darauf? «

°°°»Er verhält sich in letzter Zeit so seltsam zu mir.

Ich habe ihn gefragt, ob er mich denn überhaupt noch liebt? Er antwortete mir --

»weiß ich nicht – jedenfalls im Moment nicht, ich fühle mich wie leer! «

Danach hatten wir noch einen Termin bei einer Paar-Therapie. In der Therapie hat er es zugegeben, ja ich bin fremd gegangen, wenn dieser Kuss mit dieser Frau gleich Fremdgehen bedeutet, ich weiß ja nicht?

Ja wissen sie, was soll ich denn davon halten? «

...» *Ihr Mann scheint mir etwas durcheinander zu sein, lassen sie ihm etwas Zeit.*

Ich denke er weiß es zurzeit selbst nicht richtig was er will und wie es weitergeht, soll. Lassen sie ihm etwas Zeit einen Weg zu finden, wohin er auch führen wird. «

°°° »Ja vielen Dank, wenn ich ihn frage, würden sie vielleicht auch einmal mit ihm sprechen? «

...»*gerne, fragen sie ihn. Er kann mich jederzeit gerne anrufen!* «

°°°***Tags darauf rief mich der Ehemann an:***

°°° »Hallo! Spreche ich mit der Hotline? «

...»Ja, guten Tag, ach ja, ich er-innere mich. O.K. mach ich gerne - wie kann ich dabei behilflich sein? Dann er-zählen sie doch einmal? »

°°°Ich weiß nicht, ob ich bei meiner Frau bleiben soll oder nicht?

Das Gefühl manifestiert sich bei mir immer mehr, ich weiß einfach, nicht ob ich bei ihr bleiben soll oder nicht!

> Danach erzählte er mir ca. 60 Minuten, solange geht meine Hotline, bevor sie sich automatisch aus Sicherheitsgründen abschaltet>
die Geschichte seiner Eltern, seines Lebens und seiner Ehe die seit10Jahren bestand. Und die wohl jetzt auf der Kippe stand. «

...»Ihre Frau möchte doch, dass sie mit ihr, erst einmal in die von ihr verabredete Therapiestunde gehen. Nutzen sie die Zeit für Fragen und schreiben sie sich so viel wie möglich für sich auf. Sie sollten auf alle Fälle nicht kopflos auseinander rennen, denken sie an ihr gemeinsames Kind.

Eventuell besteht auch noch die Möglichkeit einer Trennung zur Probe.

°°°»Na, wenn sie der Meinung sind, dann versuch ich es eben mit der Mittwochstherapie, mal sehen, was ich mache. Danke schön. »

...» Gerne geschehen, sie können mich aber gerne jederzeit anrufen. Ich wünsche ich ihnen ihrer Frau und ihrem Sohn alles Gute! «

Folgende Nachricht erreichte mich in meinem Gästebuch meiner Webseite!

Ich danke Ihnen für Ihre Hilfe und Unterstützung«

Hallo Frau Hofferberth,
durch Ihre Hilfe habe ich einiges besser hin bekommen. Leider ist meine Beziehung trotzdem auseinandergegangen, aber Sie machen mir immer viel Mut und ich denke des Öfteren. Daran, dass dies bestimmt alles einen Sinn hat.

Welchen weiß ich noch nicht, aber das Leben wird es mir zeigen.
Ich bin sehr froh darüber, dass ich Sie gefunden habe.
Liebe Grüße Melanie

Anrufe von Ehepaaren männlich wie weiblich kommen bei meiner Hotline sehr häufig vor. Ich habe diesen Fall dafür herausgenommen, da die Klientin (mit der ich noch heute kommuniziere und ich diesen Fall ausnahmsweise verfolgen konnte, was ich bei den Anderen nicht konnte, da nach dem Abschluss der Gespräche so gut wie kein Kon-

takt mehr bestand) sagte ich
soll ihren Fall mit hinzufügen.

Nun bei diesem Fall konnte
ich die Klienten eine Zeit lang
begleiten. Die Entscheidung
samt deren Konsequenzen
Liegen aber bei jedem Einzelnen.

Wenn alle Eherettungsversu-
che scheitern und es zur
Scheidung kommt, informieren
Sie sich ausgiebig über Ihre
Rechte und Pflichten. Ehebe-
ratungsstellen können Sie
durch den Scheidungszyklus
begleiten Ist die Scheidung
vollzogen, bleibt Ihnen nichts
anderes übrig, als sie zu ak-

zeptieren. Wenn Sie an der Vergangenheit festhalten, machen Sie sich das Leben unnötig selbst schwer und erreichen dadurch gar nichts. Sie müssen an die Zukunft glauben, nicht an die Vergangenheit. Und das Wichtigste hierfür ist, dass Sie sich nicht selbst verantwortlich machen. Dass es zur Scheidung kam, liegt weder an Ihnen, noch an Ihrem Partner, sondern an den unlösbaren Differenzen zwischen Ihnen. Sie sind kein schlechter Mensch deswegen und fast der Hälfte der Verheirateten, ergeht es irgendwann genauso wie Ihnen.

Tragen Sie die neue Situation mit Würde und versuchen Sie, durch Hobbys und Freunde, Gefallen an Ihrem neuen Leben zu finden. Sport kann nicht nur ein guter Motor zum Faustabbau sein, sondern gibt Ihnen auch ein gutes Selbstwertgefühl, das Sie jetzt so dringend brauchen.

Die größten Leidtragenden einer Scheidung sind die Kinder. Was sie langfristig mitnimmt, ist nicht einmal die Trennung der Eltern an sich, sondern die Art, wie viele Eltern damit umgehen.

Laute Streitereien oder die absolute Nicht-

Kommunikation, offener Hass oder gar Verschwörungen mit den Kindern gegen den Ex-Partner sind große psychische Belastungen, mit denen ein Kind nicht umgehen kann. Es möchte nur eins, dass Mama und Papa sich liebhaben. Geht das nicht, so sollten Sie zumindest dem Kind zuliebe versuchen, ein normales Verhältnis zueinander fortzuführen. Egal, was zwischen Ihnen beiden vorgefallen ist, es hat nichts mit dem Kind zu tun, also lassen Sie Ihrem Unmut freien Lauf, wenn das Kind nicht dabei ist, aber geben Sie ihm die Chance, sowohl mit einer Mutter, als auch mit einem Vater aufwachsen zu können. Das sind Sie ihm schuldig.

Epilog

Welche Rolle wir auch immer im Leben spielen und ob sie uns gefällt oder nicht, man kann sich normalerweise entscheiden, ob man die Rolle annimmt, ablehnt oder daran arbeitet. Meine Hilfe bietet im Gespräch, Hilfe, Unterstützung und Tipps an. Ich versuche hier, ein positives Denken zu einem positiven Leben anzuregen. Denn negatives Denken führt zu einem negativen (problematischen) Leben und ein positives Denken ist ein elementarer Bestandteil für ein glückliches Leben.

Die Protokolle und Ge-
schichten und Kommentare in
diesem Buch ist vom Autor so
verändert, dass keiner sich
    Daraus wiedererkennen
kann.
    Autor und Verlag haben
nach besten Wissen und Gewis-
sen sorgfältig gehandelt und
übernehmen keine Haftung für
etwaige Schäden, die sich
durch den Gebrauch der Klä-
rungen dieses Buches ergeben.

WUNSCHBANNER.COM

Psychologie ist die Wissenschaft vom Erleben und Verhalten des Menschen im Bezug auf sich selbst sowie auf Personen, Ereignisse und Objekte der Umwelt!

„Wir sollten an unsere gesunde Zukunft glauben!"